나는 지금 어디에 있으며

어디로 가고 있는가

나는 지금 어디에 있으며 어디로 가고 있는가

송광한 지음

나는 지금 어디에 있으며 어디로 가고 있는가

지은이 | 송광한

초판1쇄 인쇄 | 2007년 3월 13일
초판1쇄 발행 | 2007년 3월 20일

펴낸곳 | 논형
펴낸이 | 소재두
편집위원 | 이종욱
편집 및 표지디자인 | 에이디솔루션

등록번호 | 제2003-000019호
등록일자 | 2003년 3월 5일
주소 | 서울시 관악구 봉천2동 7-78 한림토이프라자 6층
전화 | 02-887-3561~2 팩스 | 02-886-4600

ISBN | 978-89-90618-17-7 03150
가격 | 6,000원

논형출판사와 한림토이북은 한림토이스의 자회사로 출판과
문화컨텐츠 개발을 통해 향유 문화의 지평을 넓히고자 합니다.

서문

어린 시절

나는 자연의 세계를 보았다.

그 세계는 아름다웠고 평화로웠다.

그 세계와 함께 했고, 그 안에서 행복했다.

한편 나는 그 세계가 무척 궁금했다.

자연의 세계는 무엇인가?

땅은 무엇이고, 하늘은 무엇이고, 사람은 무엇이고, 나무는 무엇인가?

나는 알고 싶어 고통했다.
밤낮으로 그 세계에게 물었다.

자연의 세계는 무엇이 만들었습니까?
왜 만들어졌습니까?
어떻게 만들어졌습니까?

고등학교 시절
또 다른 의문과 괴로움으로 시달렸다.

사람들의 세계를 보았다.

그 세계는 잘못되어 가고 있었고
그 세계 안의 사람들 또한 잘못되어 가고 있었다.

한편 내가 사랑하는 그 아름다운 자연의 세계는 죽어가
고 있었다.
나는 사람이 의심스러웠고
사람들의 세계 또한 의심스러웠다.

사람은 무엇입니까?

사회는 무엇입니까?

사람은 어떻게 되는 것입니까?

사회는 어떻게 되는 것입니까?

사람은 어떻게 살아야 합니까?

자연의 세계와 사람 그리고 사람의 세계에 대해

묻고 또 물었다.

그리고 그 해답을 구하기 위해 살아왔다.

그 외의 모든 것은 나에게 의미가 없었고

그래서 사회에서 내 삶은 괴로웠다.

40이라는 중년에 이르러

세계의 말이 한꺼번에 들려왔다.

세계가 말했다.

나는 그의 말을 들었다.

나는 물었고
그는 대답했다.

이제 그 의문들로부터 자유롭게 되었다.

세계는 계속 대답해 주고 있다.
나는 지금 그의 말을 전하려 한다.

세계는 처음부터 말하고 있었고
그와 나는 처음부터 함께 있었다.

서문

1부

사람

나는 무엇입니까? *What am I?*

내가 형상이듯 너 또한 영혼과 몸으로 이루어진 3원의 형상이라.

1원은 너의 영혼이며, 다른 2원은 네 몸인 영신이라.

네 몸의 2원 중 1원은 소리원*sound source*의 공간*space*이며, 다른 1원은 빛원*light source*의 공간*space*이라.

따라서 영혼이 없으면 너는 아무것도 아니요,

소리의 몸이 없으면 너는 아무것도 아니며

빛의 몸이 없으면 너는 아무것도 아닌즉,
너는 셋이서 하나인 형상이라.

내 육신은 무엇입니까? *What is my physical body?*

네 육신은 네가 지은 물질의 형상이라. 이는 네 영혼이
낳은 작은 영혼과 그 영혼이 지은 영신을 가진 작은 육신의
형상들로 이루어진 세계라.

나는 왜, 어떻게 여기에 있습니까?

Why and how am I here?

네가 내 목적이기 때문이며 네 영혼은 내 영혼에서 났으
며, 네 몸은 네 영혼이 내 몸으로 지었노라.

나의 목적은 무엇입니까?

What is the purpose of my existence?

너의 목적은 둘이니 첫째 목적은 앎*knowing*이라.

네 영혼은 내가 무엇이며, 누구며, 네가 무엇이며, 누구인지를 알리라.

네 몸은 소리(원)와 빛(원)이니 둘째의 목적은 흡입이라.

너는 내 몸(영신과 육신)에서 소리(원)와 빛(원)을 흡입하여 네 몸(영신과 육신)을 짓고 유지하노라.

나는 어떻게 그 목적을 이룹니까?

How do I achieve the purposes?

너의 행위를 통해서다.

네 목적이 앎이니 이는 지식을 짓는 네 지적행위를 통해 이루어지며

네 목적이 흡입이니 이는 물질을 흡입하는 네 신체적 행

위를 통해 이루어진다.

지적 행위는 어디에서 어떻게 이루어집니까?

Where and how do I function?

네 영신 안에서 네 능력을 통해서다. 네 영신은 빛과 소리의 공간이니 네가 빛과 소리로 지식을 짓노라.

능력이란 무엇입니까? *What is ability?*

능력이란 행위의 실체라. 행위는 겉으로 드러난 능력이라.

그러므로 너는 목적이 있으며 그 목적을 달성할 수 있는 능력이 있으며 이는 네 행위를 통해 기능하노라.

이는 내가 지은 모든 형상이 각각의 목적과 그 목적을 달성할 수 있는 능력이 주어진 바라.

나는 어떤 능력들이 있습니까?

What abilities do I have?

네 능력은 크게 둘이라. 하나는 지적 능력이고, 다른 하나는 신체적 능력이라.

지적 능력은 형상을 감지하는 능력과 형상의 감각을 저장하는 능력과 저장된 감각으로 지식을 짓는 능력으로 구성된 바,

형상을 감지하는 능력은 감각*sense*이며,

형상의 감각을 저장하는 능력은 기억*memory*이며,

감각의 기억을 연결하여 지식을 짓는 능력은 지능*intelligence*이라.

이 능력들은 네 목적을 위한 것들이니 네 목적 달성을 위한 수단이 되는 것이라. 너는 네가 지은 지식을 통해 내가 누구인지 네가 누구인지 알며 네 지식은 네 영신의 몸을 통해 소리와 빛으로 지은즉, 소리와 빛이 없이는 네 지식 또한 없도다.

신체적 능력은 물질 흡입 능력이라.

네 몸은 내 몸처럼 물질의 세계라. 너는 네 입과 코와 피부로 네 몸이 원하는 소리(원)와 빛(원)을 흡입하여 네 몸(영신과 육신)을 짓고 유지한다. 이는 네 몸이 소리(원)와 빛(원)으로 났음이라.

2부

말과 지식

내 영혼의 한 목적인 앎은 지식을 통해 이른다 했
는데 지식이란 무엇입니까?

지식이 없으면 앎이 없고 앎이 없으면 지식이 또한 없으
니 오직 지식을 통해 아는 것이라.

지식knowledge이란 관계relationship로 연결된 형상의 세
계라. 이는 지능intelligence행위의 결과라.

지식은 인지적 지식과 경험적 지식이 있은즉,

내 영혼의 세계는 내 인지적 지식의 세계라.

네 영혼의 세계는 네 인지적 지식 세계로, 문학, 수학, 과
학, 사회, 음악, 미술, 체육, 정치, 경제, 문화, 철학, 종교의
모든 지식이 그것이라.

내 형상으로 가득찬 자연의 물질 세계는 내 경험적 지식
이며,

네 형상으로 가득찬 사회의 물질 세계는 네 경험적 지식
이라.

형상이란 무엇입니까?

형상*figure*은 의미*meaning*라.

내가 지은 형상은 내 의미라.

나는 내 형상으로 말한다.

내 모든 형상은 내 실용과 이상의 영신으로 지은바, 가장 실용적 형상은 천체(땅)요, 가장 이상적 형상은 기체라. 물, 식물, 동물은 그 중간이라.

내 실용의 영신은 소리원*sound source*이요

내 이상의 영신은 빛원*light source*이며 이는 우주공간이라.

네가 지은 형상은 네 의미라.

내가 그러하듯 너 또한 형상을 짓는 존재며 형상으로 말한다.

네 모든 형상 또한 내 실용적 이상적 형상의 배합의 결과니, 가장 실용적인 네 형상은 도구와 기계며, 가장 이상적 형상은 법과 제도(정치, 교육, 종교)다.

형상은 행위*behavior*나 기능*function*이 있은즉 이로부터 분리될 수 없으며*subject + verb*,

형상은 색깔이 있거나, 소리가 있거나, 맛이 있거나, 냄새가 있거나, 느낌이 있어 이로부터 분리될 수 없으며 *subject + adjective*,

형상은 색깔로 구별되며, 소리로 구별되며, 맛과 냄새로 구별되며, 느낌으로 구별되니 형상이 질*quality*적으로 지어진 결과며,

형상은 또한 수*number*가 있고 크기*distance*가 있어 수로도 구별되고 크기로도 구별되니, 이는 형상이 양*quantity*으로도 지어진 결과라.

형상의 색깔, 소리, 맛, 냄새, 느낌은 무엇입니까?

형상은 색깔을 통해 인식되고, 소리를 통해 인식되고,

맛을 통해 인식되고, 냄새를 통해 인식되고, 느낌을 통해 인식되니, 색깔, 소리, 맛, 냄새, 느낌은 형상의 대변자로, 이는 언어*language*, 즉 말이라.

그러므로 형상은 색깔로, 소리로, 맛으로, 냄새로, 느낌으로 또한 말하여 지니라.

언어는 형상(의미)을 나르는 수레*carrier*며, 네 안에서 형상을 생각하고 밖에서 그 생각을 표현하는 인지 도구 *cognitive tool*라.

그러므로 너는 소리와 색깔과 맛과 향과 느낌으로 의미를 생각하니, 형상을 대변하지 않는 빛은 무의미하고, 형상을 대변하지 않는 소리는 무의미하며, 형상을 대변하지 않는 맛과 향은 무의미하며, 형상을 대변하지 않는 느낌은 무의미하다.

이들은 내 언어로 자연어*natural language*라 하며, 이 언어는 네가 내 안에서 그리고 네 안에서 형상(의미)을 생각하는 데 이용되는 개인 내 언어*intra-personal language*라.

내 언어는 무엇입니까?

네 언어는 네가 지은 음성 언어*verbal language*와 시각 언어*visual language*로 이를 사회어*social language*라고 하며, 이 언어는 네 안에서 형상을 생각하는 도구며, 밖에서 네 안의 지식을 표현하는 수단으로 이는 개인 간 언어*inter-personal language*라.

음성 언어*verbal language*는 어둠의 네 소리 공간에서 네가 지은 네 언어라. 이는 형상을 질*quality*과 양*quantity*으로 대변하니 이는 곧 음성 단어*verbal word*와 음성 수*verbal number*라.

시각 언어*visual language*는 광명의 네 빛 공간에서 네가 지은 네 언어라. 이는 형상을 질*quality*과 양*quantity*로 대변하느니 이는 곧 모양*visual form*와 거리*visual distance*라.

형상이 의미를 낳고 언어(말)를 낳고 지식을 낳고 앎을 낳은즉, 형상이 없으면 의미도 없고 말도 없고 지식도 없고 앎도 없으니 앎의 시작은 형상이라.

관계*relationship*란 무엇입니까?

형상들을 서로 연결한 선이라. 관계가 없으면 지식이 없노라. 이는 내 지식이 그런 것처럼 네 지식이 또한 그러하니 너와 네가 한 뜻이며 네 지식이 내 지식에 기초한 바라.

지식 세계의 형상들은 모두 종*vertical*과 횡*horizontal*으로 연결되어 있으니 종은 창조 관계*producing relationship*며 횡은 병렬 관계*parallel relationship*라.

형상의 행위*behavior* 또는 기능*function*은 그 목적*purpose*과 결과*result*가 있어 형상은 그 결과에 대해 존재적 원인 *existential cause*이 되며, 목적은 그 결과의 목적적 원인 *purposeful cause*이 되고, 행위는 그 결과의 기능적 원인 *functional cause*이 되므로 형상과 결과, 목적과 결과, 그리고 행위와 결과는 모두 인과 관계*causal relationship*로 연결되어 있노라.

나와 너는 창조 관계며, 나는 너라는 결과의 존재적 원인이며, 내 창조의 목적은 목적적 원인이며, 내 창조적 행위는 기능적 원인이며 이는 모두 창조적 인과 관계 *producing cause relationship*라.

너와 또 다른 피조물은 병렬 관계며, 만일 네가 새 한 마리를 잡았다면, 그 잡은 결과에 대해 너는 존재적 원인이며, 네가 새를 잡은 목적은 목적적 원인이며, 네가 새를 잡는 행위는 기능적 원인인즉, 이는 모두 병렬적 인과 관계 *paralle cause relationship*라.

내가 왜 지식을 짓습니까?

네 영혼이 앎을 목적으로 창조된 바로 인지적 지식을 지으며
네 몸이 물질의 형상으로 원해진*wished* 바로 이에 필요한 경험적 지식을 짓는 바라.
이는 내가 형상으로 내 몸을 짓는 것처럼 너도 그런 것이라.

내가 어떻게 지식을 짓습니까?

지능 행위*intelligent activities*를 통해 짓는다. 이는 내가 그런즉 너 또한 그런 것이라.

지능 행위란 추론*reasoning*을 통해 기억의 상들 사이의 관계를 찾아 연결하는 과정을 말하며 그 과정을 미리 계획하고 통제하는 계획/통제기능*executive functioning*을 동시에 수반하며, 추론은 기계적으로 기억의 상을 처리하는 정보처리 기능*information processing*을 동시에 수반한다.

지능*intelligence*은 관계를 찾는 능력으로 하나의 일반 지능*a single intelligence*이지만 오감의 기억의 상에 따라 다양한 추론이 이루어지기 때문에 다추론*multiple reasoning*과 다지능*multiple intelligences*으로 나타난다.

네가 형상을 보매 그 형상이 상으로 기억되며, 색깔이 기억되며, 형상을 들으매 그 소리가 기억되며, 형상을 맛보매 그 맛이 기억되며, 형상을 냄새 맡으매 그 냄새가 기억되며, 형상이 피부에 닿으매 그 느낌이 기억되니, 형상을 보지 않으면 그 기억이 없으며, 듣지 않으면 소리 기억이 없으며, 맛을 보지 않으면 맛의 기억이 없으며, 냄새를 맡지 않으면 냄새 기억이 없으며, 피부로 닿지 않으면 느낌의 기억이 없는 즉, 오감의 감각이 없으면 기억도 있을 수 없으니, 감각sense이 기억memory의 선행 조건이라.

기억의 형상이 색깔 기억과 연결되고, 소리 기억과 연결되며, 맛의 기억과 연결되며, 냄새의 기억과 연결되며, 느낌의 기억과 연결되는즉 기억이 없으면 연결이 없으니, 기억memory은 연결connection의 선행 조건이라.

또한 관계를 찾지 못하면 연결이 없으니 관계relationship는 연결connection의 선행 조건이다.

그러므로, 형상을 보지 않으면 기억이 없고 기억이 없으면 관계를 찾지 못하며(생각을 못하며) 또 관계를 찾지 못하면 연결을 하지 못하고 연결을 못하면 지식을 짓지 못하고 지식이 없으면 알지 못한다.

감각 능력*sense*, 기억 능력*memory*, 관계를 찾고 연결하는 능력*intelligence*은 모두 지식 형성의 선행 능력들이며, 이중 감각 능력과 기억 능력은 지식 형성의 하부 능력*lower abilities*이며, 지능은 상부 능력*higher abilities*이다.

네 인지적 지식은 네 영신의 인지공간에서 내 또는
네 뜻대로 형상과 관계를 지어 연결하고

네 경험적 지식은 내 영신의 인지공간에서 네 뜻대로 형상과 관계를 지어 연결한다.

내 인지적 지식은 내 영혼의 세계로 나는 앎의 시작이요 끝이며, 지식의 시작이요 끝이니 나는 처음부터 영원히 스스로 존재하는 지식의 세계라.
내 경험적 지식은 내 육신의 세계로 내 인지적 지식이 물질적으로 외현된 형상의 세계라.

하부 능력과 상부 능력의 관계는 무엇입니까?

하부 능력은 상부 능력의 필수 선행 능력이지만 네 최종 목적이 지식을 통하여 앎에 이르는 것이니 상부 능력이 더 중요하다. 지식은 기억의 양에 있지 않고 관계를 찾는 능력에 있으니 아무리 많은 기억을 가지고 있다고 하더라도 그 관계를 찾아 연결할 능력이 없다면 그 기억은 무용지물이라.

사람이 서로 다른 것은 하부 능력과 상부 능력이 서로 다르기 때문인즉

하부 능력에서, 오감각*sense*과 기억*memory*의 대상, 강도, 양의 차이가 있기 때문이며,

상부 능력에서, 지능*intelligence*의 차이가 있어 스스로 짓는 지식의 대상과 양이 서로 다르기 때문이다.

이 두 능력과 환경의 차이로 인해 사람마다 생각과 지식이 서로 다르고 성격 흥미와 관심과 그 정도가 서로 다르며, 이는 판단과 실제 행위가 서로 다른 원인이다.

기억은 많으나 상부 능력이 작아 그 관계를 찾아 연결할 능력이 부족한 사람은 어떻게 지식을 지을 수 있습니까?

네가 지식을 스스로 짓지 못하면 남이 지어 놓은 지식을 배울 수 밖에 없고 이는 그 지식을 믿는 바니 학습*learning*은 곧 믿음*believing*이라. 남이 지어 놓은 지식을 믿지 못하면 배울 수 없기 때문이라. 따라서 학습은 상부 능력보다 하부 능력이 더 많이 요구된다.

믿음으로 지식을 지을 때는 기존 지식*previous knowledge*을 바탕으로 학습을 통해 주어지는 관계를 판단하여 믿음으로 연결하며,

스스로 지식을 지을 때는 기존 지식*previous knowledge*을 바탕으로 경험*experience*이나 상상*imagination* · 창조*creativity* · 유추*inference*를 통해 스스로 관계를 찾고 판단*judgment*하여 연결한다.

상상과 창조를 통해 스스로 짓는 네 인지적 지식은 내

형상과 관계를 모방*initation*하거나 조작*manipulation*하여 짓는 것이니 이는 네가 지은 네 지식이라.

경험*experience*과 유추*inference*를 통해 스스로 짓는 네 인지적 지식은 내 지식을 그대로 짓는 것이니 이는 네가 지은 내 지식이라.

3부

정상인과
자폐인

하부 능력의 차이의 원인과 그 결과는 무엇입니까?

지식의 차이는 하부 능력과 상부 능력의 차이에 기인된 다고 하였는데 먼저

하부 능력의 차이는 네 영혼의 몸, 영신의 크기의 차이 라. 즉 네 몸인 소리 공간과 빛 공간의 크기에 따라 네 하부 능력의 차이를 보여주니

네 몸의 크기는 크게 두 단계로 나뉜다.
하나는 정상 단계며 다른 하나는 자폐 단계라.

정상 단계의 몸의 크기를 지닌 너는
네 몸(두뇌의 소리, 빛 공간)보다 내 몸(우주 공간)을 더 본 다. 이는 네 공간이 더 커지지 않아 네 시선*attention*이 네 공간으로 끌리지 않고 밖에 있는 내 공간으로 향하기 때문 이다.
이에 너는 내 공간 안에서 내 말(형상)과 내 지식(형상의 세계)을 보고 들으니, 네 공간 또한 내 말과 내 지식으로 가

득 채워진다. 이에 네가 나를 잘 아는 바라.

너는 오감의 민감성과 그 기억 능력이 정상이며 모두 균형을 이루고 있다. 하지만 밖에 있는 내 공간을 더 보기 때문에 네 안의 오감의 기억*internal memory*이 약하다. 이는 네가 감각하고 기억해야 할 형상이 모두 밖에 있어*external memory* 네가 네 공간보다 내 공간에서 더 생각하는 바니, 이에 네 머리가 조용하고 마음이 평온한 바며, 이는 네가 너보다 나를 더 믿고 따르는 바라.

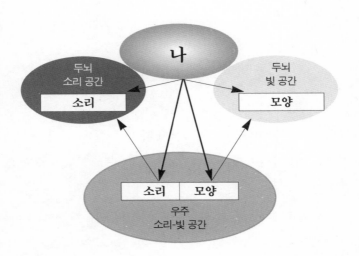

자폐 단계의 몸의 크기를 지닌 너는

내 몸(우주 공간)보다 네 몸(두뇌의 소리, 빛 공간)을 더 본다. 이는 네 공간이 커져 네 시선*attention*이 네 몸 안으로 끌리고 향하기 때문이라.

이에 너는 내 공간에서 내 말과 지식을 보거나 듣지 않고 네 공간에서 네 말과 네 지식을 더 보고 들으니 네 안에 내 말과 지식이 적도다. 이는 네가 네 안에 스스로 갇힌 바며, 나에 대해 무지한 바라.

너는 오감의 감각 능력과 그 기억 능력을 더 성장시킨다. 밖의 내 공간보다 안의 네 공간을 더 보기 때문에 네 안의 오감의 기억*internal memory*이 더 강하다. 이는 네가 감각하고 기억해야 할 형상이 모두 밖에 있는 데도*external memory* 네 공간에서 내 형상과 지식을 보고 이를 바탕으로 네 형상과 네 지식을 끊임없이 짓고 이를 또 밖(사회적 공간)으로 지어내니, 네 시선이 안과 밖의 네 공간(뒤뇌 인지공간과 사회적 공간) 사이만 왕래하니 이에 네 머리가 복잡하고 네 마음이 분주한 바로, 이는 네가 나보다 너를 더 믿고 따르는 바라.

소리 공간이 더 커진 나는 어떻습니까?

소리 공간이 커진 너는 내 공간보다 네 소리 공간을 더 보며 그 안에서 소리로 더 생각하고 끊임없이 네 소리를 짓고 재생하고 또한 밖으로 토해내니, 너는 네 소리 공간의 주인으로 그 안에 갇힌 소리 자폐*auditory autism*라.

너는 소리에 민감하고*auditory sensitivity*, 그 기억이 강하며*auditory short/long-term memory*, 소리의 순서와 단계를 더 따르니 순차적*sequential*이고 분석적인*analytic* 사고가 더 능

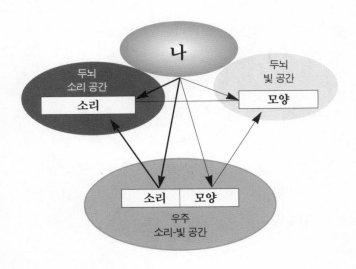

하고 소리의 크기, 장단, 빠르기에 민감하다. 너는 네 소리 공간에서 잘 생각*auditory working memory*하기 때문에 주로 음성 언어로 이루어지는 학습에 능하다.

반면 음성언어적 사고의 편중에 의해 시각적 자극에 둔 감하니 너는 시각주의력 결핍장애자*Visual-Attention Deficit Disability*며 시각적 공간 학습이 어려우니 너는 시각학습장 애자*visual learning disability: auditory autism*라.

빛 공간이 더 커진 나는 어떻습니까?

빛 공간이 더 커진 너는 내 공간보다 네 빛 공간을 더 보 며 그 안에서 형상으로 더 생각하고 끊임없이 네 형상을 짓 고 재생하노니, 너는 네 빛 공간의 주인으로 네 빛 공간에 갇힌 빛자폐*visual autism*라.

빛 공간에서 형상으로 생각하는 너는 형상을 전체적으 로 보니 통찰적*insightful*이고 전체적*wholistic* 사고가 더 능하 고, 형상의 거리(크기), 형상의 움직임과 방향, 그리고 속도에 더 민감하며 *Hyper-activity* 그 기억이 또한 더 강하다. 너는 빛의 기억*visual short/long-term memory*이 강하고 빛 공간에서 형상으로 잘 생각*visual working memory*하기 때문에 주로 직접 경험에 의해 이루어지는 관찰 학습에 능하다.

반면 너는 음성 언에에 둔감하니 청각주의력 결핍장애자*Auditory-Attention Deficit Disability*며, 음성언어에 의한 학습이 어려우니 청각학습장애자*auditory learning disability: visual autism*라.

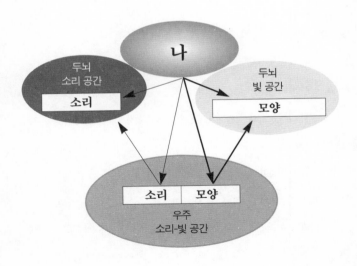

그러므로 소리 공간과 빛 공간이 더 커진 너는 소리에 더 민감해지고 그 기억이 더 강해지며, 빛에 더 민감해지고 그 기억이 더 강해지며, 맛과 냄새에 더 민감해지고 그 기억이 더 강해지며, 촉감에 더 민감해지고 그 기억이 더 강해진다.

남이 듣지 못한 소리를 들을 수 있으며, 남이 볼 수 없는 것을 볼 수 있으며, 남이 맛볼 수 없는 맛과 맡을 수 없는 냄새를 맡으며, 남이 느낄 수 없는 것을 느끼니 이는 네가 멀리서 일어난 폭발 사건까지도 감지하는 이유며, 죽은 혼령들까지도 볼 수 있는 이유며, 손끝으로도 색깔을 구별할 수 있는 이유며, 네 마음이 항상 초조하고 불안한 이유라.

또한 남이 잘 기억하지 못하는 소리를 잘 기억하며, 남이 잘 기억하지 못하는 모양을 잘 기억하며, 남이 잘 기억하지 못하는 맛을 잘 기억하며, 남이 잘 기억하지 못하는 냄새를 잘 기억하며, 남이 잘 기억하지 못하는 느낌을 잘 기억하니 이는 기억들이 너무 생생하고 잊혀지지 않아 한 순간도 네 기억으로부터 자유로울 수 없어 생각이 복잡하고 마음이 평온하지 못한 이유라.

오감이 더 예민해지고 그 기억이 더 강해진 결과는 무엇입니까?

너는 네 강한 기억으로 말미암아, 오감의 집착과 흥미가 더 강해져서,

본 것과, 들은 것과, 맛본 것과, 냄새 맡은 것과, 느낀 것에 더 집착하여 보는 것을 더 즐기니 빛과 모양을 더 쫓고, 듣는 것을 더 즐기니 소리를 더 쫓고, 먹는 것을 더 즐기니 맛과 향을 더 쫓고, 느끼는 것을 더 즐기니 감정을 더 쫓게 되노라.

이로 인해 너는 네 안의 공간에서 끊임없이 네 말과 지식을 더 짓거나 되뇌이는즉 끊임없이 새로운 소리와 모양과 맛과 향과 느낌을 짓고 이들을 또한 밖(사회적 공간)으로 짓는도다.

이는 네가 내 형상들을 앞에 두고 네 안과 밖에서 음악을 짓거나 들으며, 그림을 그리거나 보며, 책을 쓰거나 읽으며, 시를 짓거나 읽으며, 영화를 만들고 즐기며, 게임과 오락을 만들고 즐기며, 스포츠를 만들고 즐기며, 따뜻한 집에 살면서 세모난 집을 꿈꾸며, 음식을 앞에 두고 새 음식을 찾아 헤매는 이유라.

수학과 기하학은 빛(모양, 거리)과 감정이며, 소설과 시는 소리와 빛과 감정이며, 음악은 소리와 감정이며, 미술은 빛과 감정이며, 체육은 빛(모양, 움직임, 속도)과 감정이며, 음식은 빛과 맛과 감정이니

이는 네가 수학과 기하학을 좋아하고, 소설과 시를 좋아하고, 음악과 미술을 좋아하고, 체육과 요리를 좋아하는 이유라. 그 수학과 기하학이 너에게서 났기 때문이며, 그 소설과 시가 너에게서 났기 때문이며, 그 음악과 미술이 너에게서 났기 때문이며, 그 체육과 음식이 너에게서 났기 때문이다.

너는 또한 오감의 욕망이 더 강해져서, 네가 너의 관심

과 흥미의 강도에 따라 '내' 생각, '내' 소리, '내' 모양, '내' 맛, '내' 향, '내' 감정을 소리 높이 외쳐

생각을 위해 경쟁하고 싸우며, 들을 것을 위해 경쟁하며 싸우며 먹을 것을 위해 경쟁하며 싸우며 느낄 것을 위해 경쟁하며 싸우는도다.

네 몸이 더욱 커지면, 네 오감의 민감성과 기억이 너무 강해져 네 안과 밖에서 소리만 계속 들으며, 모양만을 계속 보며, 음식만을 계속 먹으며, 느낌만을 계속 원하게 된다.

이는 네 몸이 커져 네가 그 몸을 따르는 바로,

네 오감의 감각능력이 네 육신을 통해 발휘되고 네 기억 능력이 네 영신을 통해 발휘되는 즉, 네 영신과 육신은 한 몸으로 그들이 모두 소리와 빛으로 지어졌기 때문이다.

이는 네가 내 말과 내 세계를 멀리하고 네 말과 네 세계 안에 스스로 갇히는 것이니, 이는 자폐*autism*라.

네 몸의 성장의 단계를 크게 분류하면, 경자폐 단계*mild autism*, 중간자폐 단계*moderate autism*, 중증자폐 단계*severe autism*, 그리고 극자폐 단계*extreme autism*로 나눌 수 있다.

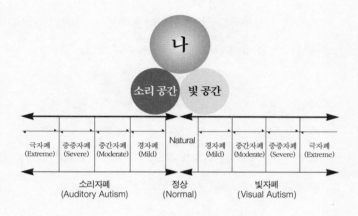

극자폐 (Extreme)	중증자폐 (Severe)	중간자폐 (Moderate)	경자폐 (Mild)	Natural	경자폐 (Mild)	중간자폐 (Moderate)	중증자폐 (Severe)	극자폐 (Extreme)

소리자폐
(Auditory Autism)

정상
(Normal)

빛자폐
(Visual Autism)

좌우 횡선은 네 몸의 크기로, 좌횡선은 소리 공간*auditory space*의 크기며, 우횡선은 빛 공간*visual space*의 크기를 나타 낸다.

정상인 너는 네 공간보다 내 공간 안에서 내 말과 내 지 식을 더 보고 듣기 때문에 지나친 네 말과 네 지식을 싫어 한다.

중간자폐 단계*moderate autism*에 이른 너는 책을 너무 좋 아하니 이는 책이 소리와 형상으로 지어진 결과며 그 소리 와 형상이 네 안에서 나온 결과라. 이 단계에서는 소리와 빛에 대한 강한 민감성과 기억으로 인하여 언어가 발달하여 사람과 의사소통을 할 수 있지만 사람을 보기 보다는 네 안에서 나온 소리와 형상으로 가득찬 책을 더 좋아한다.

중중자폐 단계severe autism에 이른 너는 여전히 책을 좋아하니 소리 공간이 더 큰 너practical autism는 소리 말이 좋아서며, 빛 공간이 더 큰 너는 형상이 좋아서라. 이 단계가 되면 소리와 빛에 더 민감하고 그 기억이 더 강해지나 사람을 잘 보지 않기 때문에 의사소통을 회피하고 혼자서 하는 일을 즐긴다. 이는 네가 음악과 미술, 수학과 기하학을 좋아하는 이유인즉 이것들은 사람들과 의사소통이 없이도 네 안에서 가능하기 때문이다. 너는 하루종일 혼자서 소리를 짓거나 재생하며, 형상을 짓거나 재생하며 즐기니라.

극자폐 단계extreme autism에 이른 너는 소리와 빛에 대한 민감도와 기억이 너무 강해 소리만을 재생하며 형상만을 보며 즐기니, 내용을 이해하지 못하면서도 책을 가지고 다닌다. 이는 책이 소리와 형상으로 가득하기 때문이다. 이 단계에서는 사람에게 시선을 거의 두지 않고 그로 인해 의사소통 언어 습득이 어렵다. 한편 이 단계에 이른 너는 종종 소리와 빛을 의식적으로 피하는 바, 이는 네 오감의 극단적인 민감성과 기억으로 인한 고통을 피하려 하기 때문이다.

네 몸이 커져 하부능력이 성장한 것을 영신의 진화(進化)라 하니 너는 진화하고 있는 것이다.

영신의 진화는 네 오감의 능력이 동물의 하부능력의 수준으로 진화하는 것이며, 그 결과 네가 네 육신과 영신에 더 갇히게 되는 것이라. 동물은 오감이 너무 민감하고 그 기억이 너무 강하니, 귀가 예민하여 소리에 밝고, 눈이 예민하여 빛에 밝으며, 입과 코가 예민하여 먹이에 밝으며, 피부가 예민하여 자극에 민감하니 오직 그 기억만을 좇아 산다. 네가 동물과 다른 점은 영혼의 크기가 동물보다 커서 네 지식을 더 짓거나 배울 수 있다는 것 뿐이다.

이에 네가 동물보다 더 많은 네 형상으로 문명사회라는 네 지식의 세계를 짓고 끊임 없이 네 몸을 좇는 것이라. 그러므로 네가 몸에 속아 몸을 좇는 바라.

네 영신의 몸은 지금 어디에 있느냐?

왜 내 몸이 그토록 진화한 것입니까?

네가 원한 바라. 너는 내 자식이니 네가 구하면 얻을 것이요 원하면 그리 되리니 이는 네가 나에게서 났음이라.

왜 내가 그리 원한 것입니까?

네가 그리 원하게 된 것은 네 몸과 내 몸 때문이다. 네 몸이 내 몸에서 나온즉, 네 몸과 내 몸은 한 몸이다. 네 몸이 원하는 것이 모두 내 몸에 있나니 어찌 네가 그들을 멀리 할 수 있겠느냐? 네 몸은 소리와 빛인즉 끊임없이 빛과 소리를 원하며 네 몸을 따르는 너는 밖에서 끊임없이 그들을 원하는도다.

내가 밖에서 그들을 원하는 것이 어떻게 내 몸을
더 키웠다는(진화) 것입니까?

네 육신이 원하는 대로 네가 마음껏 빛과 소리를 얻을
수 있느냐? 그것을 위해 경쟁해야 한다면 네 안에서는 어떤
일이 일어나느냐?

궁리해야 하질 않느냐? 어떻게 하면 네가 먼저 빛과 소
리를 얻을 수 있는지 네 영신 안에서 빛과 소리로 생각해야
하니,
더 많이 얻으려면 더 궁리해야 하고 더 궁리하려면 더
많은 빛과 소리가 필요하지 않느냐?

보아라.
네 환경이 너에게 네 안에서 더 많이 생각하라고 요구하
고, 네 환경이 너에게 네 안에서 새로운 형상을 더 많이 지
으라고 요구하고, 네 환경이 너에게 더 많이 배우라고 요구
하고, 네 환경이 너에게 네 안에 빛과 소리를 더 많이 가지
라고 요구하고 있질 않느냐?

네 안에서 더 생각하여 더 지식을 짓고 더 배우려면 어떻게 해야 하느냐?

네 소리 공간에서 소리들을 이리저리 울려 새로운 소리를 짓고 네 빛 공간에서 네 몸과 모양을 이리저리 돌려 새 형상을 짓고 연결하여 새로운 지식을 지어야 하질 않느냐?

배운다는 것은 무엇이냐? 책을 머릿속에 들이는 것 아니냐.

책이란 무엇이냐? 네 지식이 아니냐? 네가 지은 소리와 빛(형상)이 아니냐. 책 속에 소리와 빛이 있질 않느냐?

배운다는 것은 네 소리 공간에 소리를 들이고 네 빛 공간에서 그 소리가 전하는 형상을 들이는 것이며, 잘 배운다는 것은 네 공간 안으로 그 소리와 형상을 빨리 그리고 많이 들이고*short-term memory*, 그 안에서 그들을 오래 생각*working memory*하는 것이며, 오래 저장*long-term memory*하고 빨리 재생*retrieval*하며 끊임없이 되새김질 하는 것이라.

그러므로 경쟁이 궁리를 낳고 궁리가 창의를 낳은즉 창

의적 궁리가 너로 하여금 네 공간에서 더 생각하게 하고 새로운 지식을 짓게 하였으며 네 지식의 학습이 또한 네 안에서 더 많이 생각하고 저장하게 하였는즉 네 안에서 이루어진 창의적 궁리와 학습이 네 몸을 키웠노라. 이는 네가 원한 바며, 네 뜻이 이루어진 바라. 구하고 얻음은 너와 나의 정해진 관계라.

네가 네 안에 빛과 소리를 더 원해 네 공간(영신)이 더 성장하고, 또 더 성장한 네 공간으로 인하여 너는 더욱 네 공간을 보고 생각하게 되는즉 너와 나 사이에 원하고 얻음의 순환이 연속되는 것이다.

하지만 이 사실을 모르는 내가 어떻게 몸의 요구를 판단하여 어떤 요구는 따르고 어떤 요구는 따르지 않을 수 있겠습니까?

네가 네 몸에 속은 것은 결국 네가 무지한 결과라. 내가 누구이며 네가 누구인지, 그리고 네가 어디서 와서 어떻게 변화하며 결국 어디로 가는지 몰랐기 때문이라. 그것을 알았다면 네 몸이 너를 속일지라도 네가 스스로 네게 속지 않으니 네가 네 몸을 좇겠느냐?

4부

인재와 천재

내 몸(영신)의 크기의 차이가 하부능력(감각능력과 기억능력)의 차이로 나타난다면, 내 영혼의 크기의 차이는 어떻게 나타납니까?

네 영혼은 지식을 짓는 힘인즉 네 영혼이 크면 클수록 너는 관계relationship에 대한 호기심curiosity이 증가하여 끊임없이 관계를 찾아 지식을 짓느니, 네 영혼의 크기는 호기심과 관계를 찾는 능력intelligence의 크기로 나타난다.

네 영혼은 크기에 따라 대별하여 인재(人材, talent)와 천재(天材, genius)로 나눌 수 있다. 인재는 몸(영신과 육신)을 구하는 능력이며, 천재는 영혼을 구하는 능력이라. 몸은 물질의 세계라.

인재는 몸을 구하니 네 몸(사람의 몸)을 통해 너에게서 났으며, 천재는 영혼을 구하니 네 몸(사람의 몸)을 통해 나에게서 났음이라.

그들은 어떻게 몸과 영혼을 구합니까?

인재는 형상들 사이의 횡적 관계*horizontal relationship*를 찾아 몸의 지식을 구하고 천재는 나와 형상들 사이의 종적 관계*vertical relationship*를 찾아 영혼의 지식을 구하노라.

즉, 인재는 형상들 사이의 병렬 관계*parallel relationship*를 찾으나, 천재는 형상들 사이의 창조 관계*producing relationship*를 찾는다.

하늘을 나는 새(내 형상)를 본다면, 인재는 "또 다른 게 뭐가*what else* 더 있지?" 라고 자문하여 새와 병렬관계에 있는 새로운 형상을 찾으나, 천재는 "새를 만든 것이 무엇*what*이지?" 라고 자문하여 새와 창조적인 관계에 있는 새로운 형상을 찾는다.

또 자동차(네 형상)를 본다면, 인재는 "또 다른 게 뭐가 *what else* 있지?" 라고 자문하여 자동차와 병렬관계에 있는 새로운 형상을 찾는 반면, 천재는 "자동차를 만든 것이 무엇*what*이지?" 라고 자문하여 자동차와 창조적인 관계에 있는 새로운 형상을 찾는다.

또한 형상은 행위 또는 기능이 있는 바, 행위와 행위의 결과에 있어 인재가 병렬적 인과 관계*parallel causal relationship*를 찾는 반면, 천재는 창조적 인과 관계*producing causal relationship*를 찾는다.

새가 행위하여 먹이를 잡은 것을 본다면, 인재는 먹이라는 결과에 대한 원인으로 "왜*why*, 어떻게*how* 잡았을까?"라고 자문하여 병렬관계에 있는 결과(먹이잡음)의 목적적 원인*purposeful cause*과 결과의 행위적 원인*behavioral or functional cause*의 인과관계를 찾지만, 천재는 "새를 왜*why*, 어떻게*how* 만들었지?"라고 자문하여 창조적 결과(새)에 대해 창조의 목적적 원인*purposeful cause*과 행위적 원인*behavioral or functional cause*을 찾는다.

정상 인재*normal talent*인 너는 끊임없이 병렬관계인 내 형상을 쫓느니, 너는 늘 새로운 자연의 형상을 구한다. 새로운 사람, 새로운 동물, 새로운 식물이 바로 그것이다.

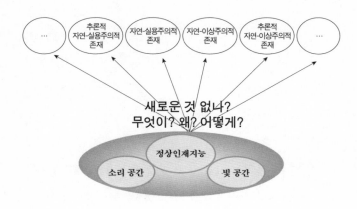

자폐 인재autistic talent인 너는 끊임없이 병렬관계인 네 형상을 좇으니, 너는 늘 새로운 사회적 형상을 구한다. 새로운 음식, 새로운 옷, 새로운 집, 새로운 법, 새로운 제도가 바로 그것이다.

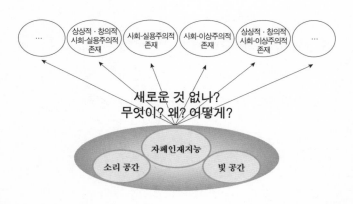

정상 천재*normal genius*인 너는 내 형상의 원인인 나를 스스로 구하니, 내가 누구인지, 내가 왜 그리고 어떻게 내 형상을 지었는지를 끊임없이 묻는다.

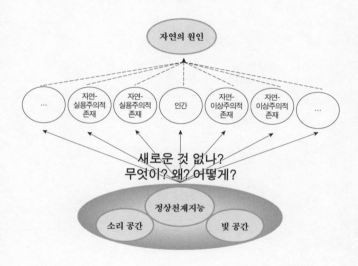

　　자폐 천재*autistic genius*인 너는 먼저 네 형상의 원인인 너를 스스로 구하니, 끊임없이 네가 누구고, 네가 왜 그리고 어떻게 형상을 짓는지를 스스로 물으며, 너의 원인인 나를 또한 구하니, 누가 너를 지었으며 왜 그리고 어떻게 지었는지를 스스로 구한다.

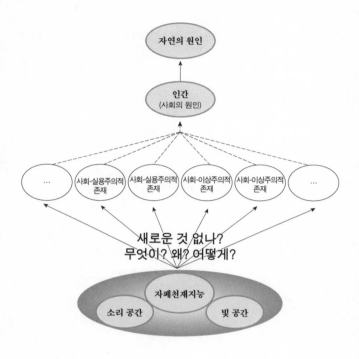

인재는 병렬관계에 대한 호기심으로 내 안에서 그리고
네 안에서 병렬관계의 끝없는 형상들과 그들의 행위의 인
과관계를 끊임없이 구하니, 이는 인재가 물질세계의 다양
성*variety*과 양*quantity*을 추구하는 바며,

천재는 창조관계에 대한 호기심으로 내 안에서 그리고

네 안에서 창조관계의 단순한 형상(나)과 그의 행위의 인과 관계를 끊임없이 구한 바, 천재는 오직 모든 형상의 원인인 나만을 구하고, 나의 행위, 그리고 내 행위의 결과의 인과 관계를 끊임없이 구하니, 이에 천재가 단순함*simplicity*과 질 *quality*을 추구하는 바라.

인재와 천재는 관계*relationship*를 어떻게 찾습니까?

형상들 사이의 관계는 영혼의 크기에 따라 경험, 학습, 상상 · 창조 · 유추를 통해 찾는 바,

'경험 단계*experiential talent*' 인재는 관계를 찾는 능력이 하위 수준으로 실제 상황의 직접적인 경험을 통해서 관계를 찾고 지식을 형성한다. 이들은 영혼의 크기가 하위 수준으로 지적호기심이나 지적 활동이 약하고 현장 활동에 강하며 주로 병렬적 인과관계의 지식*parallel causal knowledge*을 형성한다. 경험적 지식은 앎*knowing*이며 확인된 사실적

지식*proved realistic knowledge*이라.

'학습 단계*learning talent*' 인재는 관계를 찾는 능력이 중
간 수준으로 현장의 직접적인 경험이 없이도 이전 경험을
바탕으로 학습을 통해 관계를 배워 지식을 형성한다. 이들
은 중간 크기의 영혼을 지녀 중간 단계의 지적 호기심과 지
적 활동을 보이며 학습을 통해 주로 병렬적 인과관계의 지
식*parallel causal knowledge*을 형성한다.

'상상 · 창의 · 유추단계*imaginary/creative/inferential
talent*' 인재는 관계를 찾는 능력이 최고 수준으로 이들은
학습하지 않고도 직접 경험을 바탕으로 관계를 스스로 상
상하거나, 창조하거나, 또는 유추하여 지식을 형성한다. 상
상은 실존하는 형상의 행위를 조작하는 방법으로 차가 하
늘을 나는 상상이 이에 속하며, 창조는 실존하지 않는 새로
운 형상을 만드는 방법으로 새가 하늘을 날듯 날 수 있는
물체를 만드는 것이며, 유추는 실존하지만 경험되지 않은
형상을 생각하는 것이다. 이들은 영혼의 크기가 최고의 수
준으로 주로 병렬적 인과관계의 지식*parallel causal*

*knowledge*을 형성하고 지식을 배우는 것보다 새로운 지식을 직접 형성하는 이론가들로 사회에서 학습하고 있는 지식을 지은 자들이라. 이들이 상상·창의·유추를 통해 스스로 지식을 형성하는 것은 관계*relationship* 그 자체에 대한 호기심*intrinsic motivation*이 높기 때문이다.

상상·창의·유추된 지식은 모두 앎*knowing*이나 상상, 창의적 지식은 네 지식으로 비사실적 지식*unrealistic knowledge*이며, 유추된 지식은 내 지식으로 미확인된 사실적 지식*unproved realistic knowledge*이라. 따라서 상상과 창조는 자폐적 인재인 네가, 유추는 정상적 인재인 네가 주로 행하는 지적 행위라.

지적 장애 수준의 '저능단계*mentally retarded*'는 관계를 찾는 능력이 거의 없어 직접 경험이나 학습을 통해서도 지식을 잘 형성하지 못하고 실생활과 관련된 아주 단순한 지식만을 형성한다. 이들은 지적 호기심이나 지적 행동을 거의 보이지 않고 기존의 지식을 토대로 단순하게 행동한다.

인재는 상상, 창의, 유추를 통해 물질세계의 지식을 형성하지만 천재는 영혼의 세계인 나를 구하는 바 유추 *inferential*를 통해서만 지식을 형성한다. 이는 경험적 내 형상이 이미 실재하고 그들을 지은 나 또한 실재함이라.

너는 지금 어디에 있느냐?

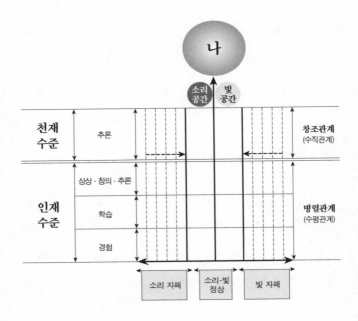

5부

심판

나는 누구입니까? *Who am I?*

너는 내가 내 몸 안에 낳았으니 내 자식이라.

내 안에서 내 말을 듣고 따라 사는 내 아들, 자연적 사회
인아!

너는 모두 내 안에서 내 말을 듣고 따라 사는즉, '너와
내가' 따로 없고, '네 가족 내 가족' 이 따로 없고, '네 민족
내 민족' 이 따로 없고, '네 나라 내 나라' 가 따로 없다. 따
라서 너는 모두 내 안에서 서로 평등하고 서로 사랑하고 오
직 나를 믿고 따르니 네 세상은 평등과 사랑과 믿음의 세상
이라.

너는 내 공간에서 네 형상보다 내 형상을 더 보고 즐기
며 사랑한다. 이는 네가 나를 닮은 내 아들이기 때문이며,
내가 그런 것처럼 너도 그런 것이며, 내가 낳은 내 형상을
네가 쉽게 알아본 결과다.

너는 내 안에서 행복한즉 이는 네가 나를 사랑하고 내

말을 믿고 따름이라.

　너는 내 안에서 기뻐한즉 내 생명의 형상이 보기에 좋고 듣기에 좋고 맛과 향도 좋았으며, 느낌도 좋았기 때문이다.

　너는 내 안에서 건강한즉 이는 풍요인 내가 너에게 필요한 모든 것을 다 주었기 때문이다. 너는 내 안에서 먹을 것과 입을 것과 살 집을 구하고 또 족히 얻기 때문이다.

　너는 네 몸처럼 내 몸을 아끼고 돌본즉 너는 내 안에서 나를 해하지 않고 오직 네 육신의 생명 유지와 영신의 평안에 필요한 형상과 지식만을 짓고 사는즉 이는 먹을 음식과 입을 옷과 거할 집이며, 이들을 얻는데 필요한 도구며 지식이며, 법과 제도라. 이는 내 몸을 네 몸과 같이 한 몸으로 사랑(열린 사랑)한 네가 내 안에서 구하는 '정상적' 실용과 이상의 형상*nomal practical/idealistic figures*이며, 이는 네 몸의 '정상적' 욕구*normal desire* 수준에 기인한 바라. 이는 너와 내가 한 몸으로 내가 너에게 허한 것이라.

　너는 생명의 형상을 본다. 이는 생명의 형상이 내 형상으로 모두 나에게서 났기 때문이며, 이는 내가 생명의 형상을 짓는 존재인즉 내 생명의 형상이 모두 나와 한 몸이기 때문이다. 나는 생명이라.

나는 영혼과 몸을 지닌 자연의 세계니, 너는 나를 닮은 내 아들, 자연적 사회인*natural social being*이며 나를 지향 *World-oriented*하며 산다. 네가 지은 세상은 자연적 사회 *natural society*이니 나 중심*World-centered*의 사회라.

네가 비록 재물이 빈하고 이름이 없다하여도 내가 항상 너와 함께 있으니 행복하여라. 내 집이 곧 네 집이다. 내가 영혼으로서 영원한즉, 너 또한 영혼으로서 나와 함께 영원하리라.

내 품을 떠나 네 말을 좇아 사는 집나간 내 아들, 자폐적 사회인 아!

너는 모두 네 안에서 네 말을 듣고 믿으며 따라 사는즉 오직 '너', '네 가족', '네 민족', '네 나라'만 있도다. 네 형제들은 서로 우등함을 주장하여 서로 싸워 서열을 두니 '너' 로서 서로 싸우고, '네 가족' 으로서 서로 싸우고, '네 민족' 으로서 서로 싸우고, '네 나라' 로서 서로 싸우는도 다. 따라서 너는 서로 불평등하고 서로 경쟁하고 싸우며 오 직 너를 믿고 따르니 네 세상은 불평등과 경쟁과 불신의 세 상이다.

너는 내 공간에서 내 형상보다 네 공간(두뇌 인지 공간과 사회적 공간)에서 네 형상을 더 보고 즐기며 사랑한다. 이는 네가 나를 닮지 않은 아들이기 때문이며, 네 형상이 너에게 서 났은즉 사회적 공간에서 네가 낳은 형상을 네가 쉽게 알 아 본 결과다.

너는 네 안에서 기뻐하고 행복하니 이는 네가 지은 형상 이 보기에 좋고 듣기에 좋고 맛과 향도 좋았으며, 느낌도 좋았기 때문이라.

너는 네 몸만을 사랑한즉 내 몸을 파괴하여 네 몸의 생 명 유지와 평온에 필요한 형상과 지식 이상으로 끊임없이 그들을 안과 밖에서 짓고 사는즉 이는 지나친 음식과 옷과 집과 도구들과 스포츠와 게임과 지식과 법과 제도(정치, 교육)라. 이는 너만을 사랑(닫힌 사랑)한 네가 내 몸을 지나치게 파괴하며 구하는 '자폐적' 실용과 이상의 형상autistic practical/idealistic figures이라. 이는 네 몸에 갇힌 네가 네 몸만을 쫓는 '자폐적' 욕구autistic desire 수준에 기인한 바라. 이는 너와 내가 한 몸으로 내가 너에게 금한 것이다.

너는 생명이 없는 네 형상을 더 본다. 이는 네 형상이 모두 너에게서 났기 때문이며, 네 몸이 물질인즉 네가 네 몸을 따른 바요, 이는 네 몸이 커진 결과로 네가 생명의 영혼보다 물질인 몸을 더 따르기 때문이라. 이에 너는 형상의 영혼을 보기 보다 형상의 모양과 소리와 맛과 향과 느낌을 더 좋아한다.

너는 내 집을 떠나 홀로 사는 내 아들, 자폐적 사회인 autistic social being이니, 너를 지향I-oriented하며 사노라. 네가 지은 세상은 자폐적 사회autistic society이니 너에 갇힌 너 중심I-centered의 사회다.

네가 비록 재물이 넘치고 이름이 높다 하여도 몸은 영원하지 않고 내가 너와 함께 하지 않으니 네 몸이 무너지면 어찌하려느냐?

네가 나를 정복과 이용의 대상으로 삼아 나를 부수고 네 몸을 좇아 네 형상과 네 세상을 끝없이 지으며 이를 얻기 위해 끊임없이 경쟁하고 싸우니 네 사회는 고통스러운 세상이라.

그러므로, 너는 너와 네 집(사회)을 버리고 내 집(자연)으로 돌아오라.

나는 지금 어디에 있으며 어디로 가고 있습니까?

정치인이 된 내 아들아!

네가 무엇을 아느냐? 내가 누구인지 네가 누구인지 아느냐? 네가 왜 그러는지 어디로 가는지 아느냐? 어디로 가는 줄도 모르는 눈먼 네가 어떻게 사람들에게 길을 안내할 수 있단 말이냐? 네가 왜 끊임없이 이상의 형상으로 사람들 속여 그들을 모아 네 세상을 짓고 너를 따르게 하여 그들을 고통에 빠뜨리고 너는 놀고 배불리 먹으며 명예를 쌓고 그 명예와 함께 기뻐하는지 너는 아느냐? 네가 법이냐? 네가 길이냐? 너는 네 이름으로 영원히 사느냐?

나는 영혼의 세계*world of spirits*로서 영원한 생명*eternal life*이며, 영원한 진리*Truth*며 법*natural spiritual law*이다. 나는 그 법의 심판자로 내 법을 따르면 네 영혼이 나와 함께 할 것이요, 내 법을 어기면 내 몸과 함께 할 것이다.

그러므로, 나는 내 세계의 왕이라. 나를 사랑하고, 구하여 알며, 전하는 자는 내 아들 사람의 왕이며, 선생이다. 나를 배우는 자는 신하요, 학생이라. 법을 사랑하고, 지키고, 배우고, 행하기 위해 네가 지은 형상이 종교와 정치와 교육이라. 그러므로 종교와 정치와 교육은 하나다. 네가 나를 사랑하느냐? 네가 나를 구했느냐? 네가 나를 아느냐? 네가 나를 전하느냐?

너는 너를 믿고 따른 눈멀고 스스로 갇혀 네 형상과 지식으로 지은 네 세상의 왕이라. 너는 네 세상의 주인이고 진리*truth*며 법*social spritual law*이다. 하지만 너를 심판하는 자가 네가 아니고 나임을 너는 아느냐? 네 진리가 내 진리냐? 눈 멀고 스스로 네게 갇힌 너를 따르면 모두 행복하고 나와 함께 영원히 살 수 있느냐?

경제인이 된 내 아들아!

네가 무엇을 아느냐? 내가 누구인지 네가 누구인지 아느냐? 네가 왜 그러는지 어디로 가는지 아느냐? 이미 먹을 것이 족하고 입을 것이 족하고 거할 집이 족한데 네가 왜 내 몸을 부수고 끊임없이 실용의 형상을 짓는 줄 아느냐? 네가 그 형상들로 인하여 네 육신이 할 일을 잃고 네 안에서 꿈꾸는 시간이 더 많아져 망상에 사로잡혀 네 안에 스스로 갇히고 육신의 즐거움을 더 좇게 되었도다. 너는 왜 끊임없이 실용의 형상으로 사람을 속여 네 재물을 쌓고 그 재물과 함께 기뻐하는지 너는 아느냐? 네가 왜 재물에 눈이 멀었는지 너는 아느냐? 네가 그 재물과 함께 영원히 사느냐?

판사, 변호사가 된 내 아들아!

네가 무엇을 아느냐? 내가 누구인지 네가 누구인지 아느냐? 네가 왜 그러는지 어디로 가는지 아느냐? 눈먼 네가 어떻게 사람을 심판할 수 있으며 용서할 수 있느냐? 사람을 심판하는 네 법이 어디에서 왔는지 너는 아느냐? 무지하여 스스로 속고 또 몸에 갇혀 모두가 자신이 법이라고 외치는 네 세상이 점점 더 실타래처럼 얽히고 설킬 뿐이라는 사실을 너는 모르느냐? 실타래를 풀려고 하면 할수록 더욱더 엉키는 것을 어찌 모르느냐? 머리가 없고 몸만 커진 네 세상이 어디로 가겠느냐? 사람을 심판하고 용서할 수 있는 것은 오직 나며 이미 네 안에서 내가 내 법으로 한치의 오차도 없이 너를 끊임없이 심판하는 바, 나는 이미 네가 이 세상에 오기 전에 너를 심판했고, 지금도 네 안에서 너를 심판하고 있으며 앞으로도 영원히 너를 심판할 것임을 너는 아느냐? 왜 심판받고 어떻게 심판받으며 그 결과 어떻게 되는 줄도 모르는 네가 남을 어떻게 심판할 수 있느냐? 너는 네법을 버리고 내 법을 구하라. 너는 오직 내 법을 따를 것이며 내 심판을 두려워하라.

학자가 된 내 아들아!
네가 무엇을 아느냐? 내가 누구인지 네가 누구인지 아느냐? 네가 왜 그러는지 어디로 가는지 아느냐? 문학이 무엇이고 수학이 무엇이고 과학이 무엇이고 역사가 무엇이고 음악이 무엇이고 미술이 무엇인지도 모르면서 네가 왜 그 지식들을 짓는 줄 아느냐? 내가 곧 진리인데 네가 나를 알겠느냐? 나는 소리도 빛도 아니니 네 귀와 네 눈으로 이를 수 없노라. 네가 대를 이어 네 안에서 짓고 밖에 쌓은 지식이 하늘을 찌르고 있으나 아무리 높아도 나에게 이를 수 없으며 때가 되면 네 지식의 탑이 다 무너지는 것을 너는 아느냐? 네가 지은 말이 스스로 살아 움직여 그들이 또 말을 지으니 너도 네 말의 참과 거짓을 알지 못하고 온통 말에 휩싸여 사람들이 그 말 속에서 헤매며 고통 받는 세상이다. 네가 지은 지식을 배우느라 사람들이 육신의 몸을 쓰지 않고 영신의 몸을 더 쓰니 영신이 더욱 성장하여 더욱더 나에게서 멀어지고 스스로 네 안에 갇히고 있음을 너는 아느냐? 네가 찾는 진리는 때가 되면 스스로 네 앞에 나타나니 너는 그저 그 진리를 믿으면 되니 스스로 고통하지 말며 스승 노릇 하려 마라. 눈멀어 헤매는 네가 무엇을 알고 무엇을 가르친다는 것이냐? 스승 노릇 잘못하여 사람을 더 스스로 갇히게 한 네 죄가 얼마나 큰지 너는 아느냐? 네가 남을 위하

려 하는 것이 남을 해하는 결과를 낳으니 남을 위하려 하지
말고 네 자신이나 위하라.

예술인이 된 내 아들아!

네가 무엇을 아느냐? 내가 누구인지 네가 누구인지 아느
냐? 네가 어디로 가는지 너는 아느냐? 네가 왜 시를 쓰고 소
리를 지으며, 형상을 그리며 몸으로 춤추는지 아느냐? 나를
보라. 나는 평온이니 기쁨도 슬픔도 외로움도 괴로움도 아
니라. 너는 무엇이 그리 기쁘며 무엇이 그리 슬프며 무엇이
그리 외로우며 무엇이 그리 괴로우냐? 네 공간을 보지 말고
내 공간을 볼 것이며, 너를 믿지 말고 따르지 말라.

너희들이 이리하는 것은 네 영혼의 눈이 멀고 스스로 네
몸에 갇힌 바다. 네 영혼은 인재 단계talented이며 네 몸은
중간자폐 단계moderate autism나 중증자폐 단계severe autism
를 지나 극자폐extreme autism를 향해 가고 있노라. 네 영혼
의 크기가 작아 무지한 너에게 스스로 속아 너를 따르고 고
집하는 바요, 네 몸이 성장하여 네가 네 몸(영신: 소리 공간과
빛 공간)에 스스로 갇힌 바라. 네가 소리와 빛인 네 몸을 쫓

는 바라.

소리는 정(靜)이며 흡입이며, 어둠이며 숨김이라. 소리
의 몸을 따르는 너는 움직이지 않고 숨으려하며 끊임없이
소리를 흡입한다. 이에 너는 편리와 실익을 추구하고, 실용
의 형상을 끊임없이 짓고 주장하며 사람들을 속이고 네 재
물을 쌓는 바라.

빛은 동(動)이며, 팽창이며, 밝음이며, 드러냄이라. 빛의
몸을 따르는 너는 끊임없이 움직이고 드러내며 빛을 흡입
하노라. 이에 너는 이상과 재미*fun*를 추구하니 공상과 상
상, 이야기*fiction*, 게임을 좋아하여 현실과 이상을 혼돈하
고, 끊임없이 이상의 형상을 짓고 주장하며 사람들을 속이
고 네 명예를 쌓는 바라.

네가 왕노릇하려는 것은
네 몸의 빛 공간이 커져
너를 밖으로 드러내고 고집하며 경쟁하기 때문이며,
빛 공간의 소유욕과 지배욕으로 명예를 쫓기 때문이며,

이상의 형상을 짓거나 배워 이를 밖으로 꿈꾸기 때문
이라.

네가 장사를 하는 것은
네 몸의 소리 공간이 커져
너를 안으로 숨기고 고집하며 경쟁하기 때문이고,
소리 공간의 소유욕과 지배욕으로 재물을 쫓기 때문이
며,
실용의 형상을 짓거나 배워 이를 밖으로 꿈꾸기 때문
이라.

네가 사람을 심판하거나 지식을 쌓고 가르치려 하는 것은
네 몸의 소리 공간과 빛 공간이 커져
소리와 형상의 기억이 모두 강하여 글에 능하고 학습을
잘하기 때문이며,
때로는 너를 안으로 숨기고 때로는 밖으로 드러내고 고
집하고 경쟁하기 때문이며,
소리 공간과 빛 공간의 소유욕과 지배욕으로 재물과 명
예를 쫓기 때문이며,

실용과 이상의 형상을 짓거나 배워 이를 밖으로 꿈꾸기 때문이다.

네가 소설을 쓰고, 시를 짓고, 노래를 짓는 것은

네 몸의 소리 공간과 빛 공간이 커져

소리와 형상의 기억이 강하여 소리를 짓고 형상을 짓는 바며,

느낌의 기억이 강하여 감정을 밖으로 토해 내는 바며,

사람을 보려고 하지 않고 혼자서 하는 일을 더 원하기 때문이며,

때로는 너를 안으로 숨기고 때로는 밖으로 드러내고 고집하고 경쟁하기 때문이며,

소리 공간과 빛 공간의 소유욕과 지배욕으로 재물과 명예를 쫓기 때문이다.

네가 그림을 그리거나 뛰고 달리는 것은,

네 몸의 빛 공간이 커져

형상의 기억이 강하여 형상을 짓기 때문이며,

느낌의 기억이 강하여 감정을 밖으로 토해 내기 때문

이며,

움직임과 속도에 익숙하여 이를 즐기기 때문이며,

사람을 보려고 하지 않고 혼자서 하는 일을 더 원하는
바며,

밖으로 드러내고 고집하며 경쟁하기 때문이며,

빛 공간의 소유욕과 지배욕으로 명예를 쫓기 때문이다.

너희들은 모두 영혼이 무지하여 나를 멀리하고 네 안과
밖에서 너를 세우고 커진 네 몸에 스스로 갇혀 너의 의미를
짓고 고집하고 경쟁하는 바 말로 속여 사람을 모으고 편을
갈라 싸우는도다. 이는 너희들이 가는 곳 마다 적들이 많은
이유다.

너희들은 모두 같은 몸이라. 네가 정치를 버렸다면 그림
을 모으거나 춤추며 뛰어 다녔을 것이며, 판사, 변호사, 학
자 노릇을 버렸다면 소설이나 시를 읽거나 쓰고 노래을 듣
거나 지었을 것이라. 그러므로 네가 네 안에서 스스로 속고
밖에서 또한 사람들을 속이니, 정치인, 경제인, 판사, 변호
사, 학자, 예술인 모두 자신의 말에 속고 또 말로 속이는 것

이라.

너희들은 네 세상(사회)을 건설한 주인이다. 네 능력과
지식으로 기둥을 세워 네 집을 짓고 그 안에서 배불리 먹고
노래하며 춤추며 네 능력과 지식으로 사람을 심판하고 그
들에게 양식과 이름을 나누어 주니 이를 얻기 위해 너와 네
능력과 네 지식과 네 세상을 쫓는 자들로 가득하다.

네 세상에는 너무 먹어 배터져 죽는 사람이 있는 반면
헐벗고 굶주려 죽는 사람이 많고, 네 능력과 지식을 쫓다가
영혼이 외롭고 두려워 살인하고 속이며, 도둑질하고 영신
과 육신이 피곤하여 병들어 죽는 이가 많도다. 너희들은 네
법으로 네 세상을 지어 사람을 속이고 그들의 영혼이 죽어
가고 그들의 몸이 병들게 한 죄가 크다.

너는 왜 굶주려 죽는 사람 앞에서 새로운 음식을 찾고
더 좋은 옷을 찾고 더 좋은 집을 찾으며, 자유를 외치고 정
의를 외치며 평등을 외치며, 너를 믿고 따르라고 외치고,
네 지식을 더 짓고 더 배우라고 외치며, 네가 기쁘고, 슬프
고, 괴롭고, 외롭다고 외치느냐?

이는 눈멀어 스스로 속고 네 몸에 갇힌 네가

네 능력과 지식으로 사람들을 속이고

왕노릇하려 하기 때문이며,

장사하려고 하기 때문이며,

심판하려고 하기 때문이며,

지식을 쌓고 가르치려고 하기 때문이며,

재주부리려고 하기 때문이라.

네가 계속해서 눈먼 너와 커진 네 몸을 쫓는다면, 끊임없이 네 형상과 네 지식을 짓고 배워 사람을 속이고, 네 몸의 오감의 민감성과 기억이 더욱 강해져 감각과 기억을 더 쫓고 감각되고 기억되는 물질 세계의 형상을 소유하려는 욕망이 더 커질 것인 바,

너는 네 안과 밖에서 소리, 빛, 맛, 향, 느낌에 지나치게 민감해지고, 네 안에서 그 기억이 지나치게 강해져, 소리, 빛, 맛, 향, 느낌을 지나치게 쫓게 되리니 너는 네 몸의 감각과 기억의 노예가 될 것이라.

너는 안과 밖에서 끊임없이 소리를 짓고, 형상을 짓고, 맛과 향을 짓고, 느낌을 지으니 너는 무지한 네 생각과 몸의 지식의 노예가 될 것이며, 지나친 네 말과 지식이 네 영혼의 눈을 더 멀게 할 것이다.

너는 물질과 명예를 위해 지나치게 일하고 배우니 노동과 학습의 노예가 될 것이며, 새로운 형상들을 더 보기 위해 더 멀리 더 빠르게, 더 크게 움직이니 이동의 노예가 될 것이다.

이에 너는 과다한 관심과 욕심과 과다한 궁리와 과다한 학습과 과다한 노동과 이동으로 네 몸과 영혼이 하루도 평온할 날이 없고 건강을 해하게 될 것이며,
너는 더 물질적이며, 더 경쟁적이며, 더 이기적이며, 더 비인간적이며, '내' 것, '내' 흥미, '내' 생각, '내' 지식, '내' 세상 만을 외치는 너에게 스스로 속고 네 몸에 심히 갇힌 동물처럼 되리라.

결국 너는 몸을 좇고 구한즉 몸과 함께 하리니 내 몸이

빛을 잃을 때 네 영혼도 빛을 잃으리니, 네 꿈이 너를 해하리라.

그러므로 눈 멀고 네 공간(두뇌 공간과 사회적 공간)에 스스로 갇힌 자폐 인재인 너를 버리고, 내 안에서 내 말을 듣고 믿고 따르는 나를 닮은 내 아들을, 믿고 따르라.

네가 인재인즉 믿음을 통해서만 나를 알 수 있으며, 오직 그 믿음으로 나에게 오는 것이라. 그러므로 너는 천재를 찾으라. 그리고 그를 믿고 따르라.

아직 때가 되지 않아 천재를 찾지 못했다면, 네 주변에서 자연적 인재를 믿고 따르라. 그들은 네 형상보다 내 형상을 더 좋아하고 네 세상보다 내 세상을 더 좋아하여 내 안에서 나에게 모든 것을 의지하고 믿고 따라 사는 내 아들이다. 그들을 찾아 그들을 믿고 따라 살라. 그러나 내 세계를 떠나 네 세계를 짓고 살며, 오직 너와 네 사회만을 믿고 따르라고 말하는 스스로 속고 네 몸에 갇힌 사회적 인재는 멀리하라.

때가 되면, 너를 먼저 구하고 너를 통해 나를 구하는 자폐적 천재가 나타나리라. 그는 나와 내 집을 떠나 너를 믿고 따르며 네 집을 짓고 살다 너를 버리고 나에게 다시 돌아온 천재라. 그가 나를 말하고 너를 말하며, 자신을 버리라고 말하리니 너는 그를 믿고 따르라.

또한, 천재의 지식을 믿음으로 배워 깨달은 인재들이 나타나 사람 위에 군림하며 나를 말하고 너를 말하는 자가 나타나리라. 하지만 너는 항상 깨어서 경계하며 기다려라.

결국 때가 되면 나에게서 나, 나와 함께 있으며, 나를 먼저 스스로 구하고 나와 너를 말하며 너와 네 말을 버리고 내 품안에 거하고 오직 나와 내 말만을 듣고 믿고 따르라고 말하는 자연적 천재가 나타나리니 너는 오직 그를 믿고 따르라. 그는 내 아들 중의 아들이라.

내가 그를 통해 내 말을 전하니 그는 전령이라.
내가 그를 통해 너를 심판하니 그는 심판자라.
내가 그를 통해 너를 구원하니 그는 구원자라.

네가 그를 통해 나에게 오나니 그는 나에게 이르는 길
이다.

그는 내가 있음을 알리고, 내가 누구인지 네가 누구인지
를 알리고, 네가 어디서 와서 어디로 가는지를 알리고, 네
가 이 세상에 오기 전에 나는 이미 너를 심판했으며, 지금
도 네 안에서 끊임없이 너를 심판하고 있으며 또 앞으로도
영원히 너를 심판할 것임을 알리고, 내가 왜 너를 심판하고
어떻게 너를 심판하는지를 또한 알릴 것이다.

그는 내 이름으로 집 나간 너를 심판하고, 네 지식을 심
판하고, 네 세상을 심판하리라. 그는 네가 어떻게 살아야
하는지 또한 말하리라.

내 지식은 지금 어디에 있습니까?

네 지식은 자폐인재의 지식이라. 이는 중간자폐단계와

중증자폐단계 사이를 지나고 있는 인재인 네가 지은 몸의 지식이기 때문이다. 언어, 문학, 수학, 기하학, 과학, 사회, 역사, 음악, 미술, 체육이 바로 그 지식이라.

이 지식은 모두 의미인 형상에 기초하고 그 형상을 네 언어로 표현한 것이라. 네 언어는 소리와 빛의 능력에 따르니, 결국 이 지식을 네 안에서 짓거나 배우기 위해서는 네 소리 공간과 빛 공간이 커야 한다. 네가 네 빛 공간과 소리 공간에서 오랫동안 네 형상(시각언어)과 소리(소리언어)로 생각할 수 있어야 하기 때문이니 네 몸이 최소한 중간자폐단계 이상의 크기가 되어야 가능한 일이다. 따라서 네가 이런 지식을 지은 것은 내 공간보다 네 공간에서 더 생각한 결과라.

네가 네 공간에서 네 언어로 몸의 지식을 짓는 것은
네 영혼이 인재의 '상상/창의' 단계로 몸의 지식(물질의 세계)에 대한 높은 호기심과 지능*intelligence*으로 병렬(인과) 관계를 찾아 몸의 지식을 짓는 것이라.

네가 인재의 지식을 잘 배우는 것은

네 영혼이 인재의 '학습' 단계로 몸의 지식에 대한 호기심과 지능*intelligence*이 높지 않아 스스로 지식을 짓지 못하고 대신 지어 놓은 지식을 믿는 것이라. 따라서 믿음을 통해 지식을 얻는 행위는 지식 그 자체에 대한 호기심에 의한 것이 아니라 그 지식을 통해 원하는 바를 얻기 위한 것이니 이는 외적 동기*extrinsic motivation*에 의한 것이라. 네 세상(사회)에서 네가 인재 지식의 학습을 잘 한다면, 이는 학습의 동기가 사회적 재물이나 명예를 얻기 위한 것이니, 이는 네가 그것을 원하는 바요, 네가 그 목적을 달성할 능력이 주어진 바며, 네 사회가 또한 그 지식으로 사람을 평가하여 물질과 명예를 배분하기 때문이다. 인재 지식의 학습을 잘 하는 너는 하부능력(감각능력과 기억능력)이 '중간자폐 또는 중증자폐' 단계로 네 언어로 네 공간에서의 생각이 능하고 그 감각과 기억이 강하며, 또한 재물욕과 명예욕의 외적 동기가 크다.

모든 지식은 소리 공간과 빛 공간 능력*auditory & visual abilities*이 필수이지만, 지식에 따라서 우세한 능력이 있으니, 소리 공간 능력*auditory abilities*이 우세한 과목으로는 언어가 있으며, 소리 공간과 빛 공간 능력이 거의 동등하게 요구되는 과목은 문학, 음악 등이 있으며, 빛 공간 능력이 더 우세한 과목으로는 공간수학, 기하학, 미술, 체육 등이 있다.

문학, 음악, 미술, 체육 등은 네 감정 표현이 강조된 과목으로 문학은 빛과 소리(글)를 통해, 음악은 소리를 통해, 미술은 빛을 통해, 그리고 체육은 빛과, 움직임, 속도를 통해 네 감정을 밖으로 토해 내는 것이다. 이는 네가 소설을 통해, 시를 통해, 노래를 통해, 그림을 통해, 몸짓을 통해, 기쁘다고, 슬프다고, 괴롭다고, 외롭다고, 소리치는 것이다.

음악은 소리 공간에서 청각 언어의 상상적/창의적 조작을 통해, 수학, 기하학은 빛 공간에서 시각 언어의 상상적/창의적 조작을 통해 형성된 것이기 때문에 밖의 형상을 표현하는 언어적 기능이 없다. 이는 소수의 초기 내 형상만 가지고서도 네 소리 공간과 빛 공간에서 지을 수 있는 지식이라. 이 지식은 내 형상의 소리와 형태를 조작*manipulation*하고 변형하여 네 소리와 형상을 지은 것으로, 가공된 소리와 형상(네 형상)의 소리와 모양의 조화와 균형의 지식이며, 이는 내 생명의 형상을 직접 대변하지 않으니 반 생명*anti-interpersonal/natural*의 지식이다.

수학과 기하학 지식은 네가 네 사회를 건설하는데 사용된 지식이니, 네 세상의 형상 중에는 네가 이로써 짓지 않은 형상이 없다. 따라서 네 사회의 형상들은 모두 생명이 없으며, 오직 시각적 조화와 균형의 배열이 있을 뿐이다. 이는 네 몸에 갇힌 네가 생명의 내 형상(자연)을 파괴하고 죽은 네 형상들을 지어 그 조화와 균형에 눈으로 감탄하고 그와 함께 춤추며 노래하는 것이니, 이는 네가 내 형상을 보지 않기 때문에 내 형상의 생명과 완벽한 조화와 균형을 보지 못한 바라.

과학은 네 민감해진 오감과 수학과 기하학의 지식으로 물질의 세계인 내 몸을 뒤져 쌓은 지식이라. 하지만 내 몸은 양으로 지어진즉 형상과 관계에 있어 끝이 없고 복잡하며 내 형상과 그 행위는 한 순간도 멈춤이 없이 끊임없이 변하므로 네 안에서 병렬관계의 상상과 창조로 지은 수학과 기하학의 방법으로는 인과관계로 지어진 내 몸을 다 알 수 없으며, 또한 내 몸은 때가 되면 그 형상을 잃나니, 내 몸의 지식은 허무한 지식이라. 나는 내 몸인 물질의 세계가 아니라 영혼인즉, 네 눈과 귀와 코와 입과 피부를 통해서 알 수 없노라.

과학의 지식으로 끊임없이 실용과 이상의 형상을 지으니 내 몸은 파괴되어 죽어가고 있노라. 그로 인해 빠른 속도로 땅의 몸이 하늘로 사라지니, 땅의 몸이 빠르게 식어가고 하늘의 몸이 빠르게 더워지며, 땅이 오염되고 하늘이 오염되며, 이에 빛과 소리가 빠르게 서로 교신하니 어떤 땅은 물이 차오르고 어떤 땅은 불기둥으로 변하노라. 내 몸에 의지해서 사는 네가 내 몸을 아끼고 사랑하지 않으니 네 어찌 평온하고 건강하게 살 수 있겠느냐? 네가 사는데 한 순간도 없어서는 안될 공기와 물이 어디에서 오느냐?

끊임없이 지은 네 실용의 형상으로 인해 네 육신이 할 일을 잃고 노동에서 소외되어 일자리를 잃고 우울하게 방황하고, 굶주리거나, 현혹된 네 영혼이 끊임없이 그들을 쫓으니 네 몸이 분주하여, 병약하여 진다. 네가 구한 지나친 몸의 지식이 결국 너에게 도움되는 것이 무엇이냐?

사회와 역사는 눈 멀고 몸에 스스로 갇힌 너의 행위와 그 결과의 지식인 즉, 네가 행위한 사건과 네가 지은 형상과 네가 지은 세상에 대한 네 기억의 기록이라. 이는 네가 네 빛 공간 안에서 형상과 시간으로 생각하고 다양성과 양을 추구한 바라. 네 공간은 유한하나 내 공간은 끝이 없으니 거리도 없고 시간도 없다.

네 사회에서 이루어지는 네 행위와 사건들은 네가 네 안에서 눈먼 지식을 토대로 판단하여 행한 결과이며, 네 형상은 몸에 갇힌 네가 무지하여 지은 형상이며, 네 사회는 무지한 너와 네 형상들의 세상이니 그것을 기억하고 쌓아 지은 지식이 무엇에 이로운가?

무지한 네 영혼은 끊임없이 성장하는 네 몸에 갇혀 끊임없이 무용의 지식을 짓고 그에 따라 판단하고 행위하여 끊임없이 사건을 일으키어 네 영혼과 몸이 죽어가고 있다. 과

거가 어디에 있고 미래가 어디에 있느냐? 그것은 오직 네 생각에만 존재하며 실제하는 것은 오직 현재 뿐인즉, 현재가 과거이고 또한 미래라. 너는 과거에도 있었고 미래에도 또한 있을 것이며, 과거의 네 생각과 행위는 현재에도 있고 미래에도 있을 것이니, 과거의 너와 네 행위를 알려거든 현재의 너를 보면 될 것이고 미래의 너를 알려거든 현재의 너를 보면 된다. 네가 또한 과거의 잘못을 되풀이하지 않고 그로부터 교훈을 얻기 위해 과거의 행위를 심판하려 한들 무엇이 잘못되었고 무엇이 옳은 것인지 네가 어찌 알겠느냐? 과거가 현재가 된 너를 쫓는 네가 어찌 스스로 너를 심판할 수 있겠느냐? 네 행위가 네 무지와 자폐에서 비롯되었으니 그 역사 또한 무지하고 갇힌 너의 몸짓이라.

그러므로 너는 스스로 네 안에 갇힌 자폐 인재의 지식을 짓지 말며 또한 배우지 말며, 내 안에서 내 말을 믿고 따르는 정상 인재의 경험적 몸의 지식과 정상 천재의 추론적 영혼의 지식만을 짓고 배우라.

물질의세계physical world는 몸이라. 자연의 물질의 세계

*natural physical world*는 내 육신이라. 내 육신은 순간의 생명 *temporary life*, 순간의 진리*temporary truth*, 물리적 법칙 *physical law*이라. 나는 그 법의 심판자로, 내 몸의 법을 따르면 네 몸이 살것이요, 거역하면 네 몸이 죽을 것이다.

사회의 물질의 세계*the social physical world*는 네 죽은 육신이라.

너는 내가 그러하듯 영원한 영혼이며, 네 몸(육신)은 내 몸(육신)이 그러하듯 때가 되면 덧없이 사라지는 물질의 세계라. 그러므로 너는 나를 구하라. 나를 알면 너를 알고 네가 나에게 오는 길을 또한 알리라.

내 사회는 지금 어디에 있습니까?

네 사회는 중간자폐단계를 지나 몸에 갇히고 눈이 먼 인재인 네가 지었으니 심히 눈 멀고 갇힌 세상이라. 네 사회는 소리 공간이 커진 자폐적 실용인과 빛 공간이 커진 자폐적 이상인이 끊임없이 실용의 형상과 이상의 형상을 지어

만든 자폐 공간이라. 네 사회는 네가 끊임없이 형상을 짓고 네 뜻대로 관계를 지어 연결해 놓은 네 지식이며, 네가 끊임없이 안에서 지은 지식을 밖으로 꺼내 지은 것이니 네 몸이라.

네 사회는 네 말이요 네 의미인 네 형상으로 가득찬 네 세계며, 네가 낳았으니 네 자식이며, 내 집을 떠나 네가 짓고 사는 곳이니 네 집이라.

현재의 너는 과거의 네가 지은 세상을 보고 감탄하고 기뻐하며 믿고 따르며, 미래의 너는 현재의 네가 지은 세상을 보고 또한 감탄하고 기뻐하며 믿고 따르므로 사회는 과거의 네가 짓고 현재의 네가 지으며 미래의 네가 또 지을 것인즉, 눈먼 영혼으로서 끊임없이 새로운 몸을 갈아 입으며 대를 이어 짓는 세상이라. 이는 네가 사회를 낳고 또 사회가 또한 너를 나았음이라.

따라서 네 사회는
스스로 갇혀 너만을 위해 경쟁하고 싸우고,
스스로 속고 속이며 없는 길을 찾아 헤매며 끊임없이 변

하니,

　지나치게 실용의 형상을 쫓는 재물의 전쟁터가 되었으며,

　지나치게 이상의 형상을 쫓는 명예의 전쟁터가 되었으며,

　지나치게 네 말을 쫓는 네 지식의 전쟁터가 되었으며,

　지나치게 몸을 쫓는 몸의 지식의 전쟁터가 되었으니,

　서로 경쟁하고 싸우는 혼미한 세상이라.

　과다한 육체 노동, 지식 경쟁, 미세형상의 진화적 창궐로 인해 심신의 질병이 만연하고, 재물과 명예의 탐욕으로 남을 해하는 자가 많아지며, 복잡한 이해관계의 다툼으로 법과 제도가 성하며, 이에 온갖 통제로 자유가 없는 기계적인 세상이라.

　경쟁에서 이긴 너는 네 뜻대로 세상을 짓고 네 형제를 심판하며 그 안에서 지나치게 배불리 먹고 지나치게 입으며 지나치게 좋은 집에 살며, 경쟁에서 패한 너는 네 안에 칩거하여 우울증에 시달리며, 굶주리고, 헐벗으며, 마음이 고통하며, 다음 싸움을 위해 칼을 갈고, 소리 높여 세상을 비난하며 세상을 향해 돌을 던지는도다.

하지만 네 생각이 서로 충돌하고, 네 형상이 서로 출동하고, 네 지식이 서로 충돌하며, 네 흥미가 서로 충돌하고, 네 욕망이 서로 충돌하여, 혼란이 극에 달하여, 네가 네 생각에 혼란스럽고, 네 형상에 혼란스럽고, 네 지식에 혼란스럽고, 네 흥미에 혼란스럽고, 네 욕망에 혼란스러워 네 사회는 결국 스스로 혼란하여 자멸할 것이다.

이에 믿음의 종교가 성행하여 집 나갔다 돌아온 천재들의 지식과 그 지식을 배워 깨달음을 얻은 인재들의 지식을 통해 고통과 좌절을 극복하려 몸부림치는도다.

그러므로 너는 네 집(사회)을 버리고 내 집(자연)으로 돌아오라.

네 사회에는 머리(영혼)가 없고 몸만 있으니 길이 없으며 끝없이 힘 자랑하는 싸움판이라. 길 없는 곳에서 길을 찾지 마라.

6부

길

길이란 무엇입니까?

나는 영원한 진리요 법이라. 길이란 그에 따라 사는 것
이니 이는 네가 어떻게 살아야 하는가*how to live*이다. 그 길
은 네가 나에게 오는 방법*way*이라.

이는 곧 육신을 가진 네가 어디에 있어야 하고*where to
be*, 육신으로서 무엇을 해야 하며*what to do with a physical
body*, 영신을 가진 네가 영신으로서 무엇을 해야 하며*what
to do with a spiritual body*, 영혼으로서 네가 무엇을 해야 하는
가*what to do as a spirit*이다. 이는 네 육신이 건강하고, 네 마
음이 평온하며, 네 영혼이 앎으로 행복해지는 길이며, 네가
영혼으로서 나와 함께 영원히 사는 길이다.

육신을 가진 나는 어디에 있어야 하며 무엇을 해야 합니까?

너는 내 몸 안에 거하라. 내 몸은 자연의 물질의 세계라. 네가 네 몸을 사랑하고 돌봄과 같이 내 몸을 아끼고 사랑하라. 네 몸은 내 몸에서 났은즉 너와 나는 한 몸이라.

너는 네 육신을 돌보라.
네 몸에 필요한 것은 마실 물과 호흡할 공기와 먹을 양식과 입을 옷과 거할 집이다.
나는 이미 너에게 이 모든 것을 다 주었으니 너는 내 안에서 그들을 구하라. 너는 네 육신을 움직여 네 먹을 것과 입을 것과 살 집을 직접 구하라.

너는 음식을 눈으로 먹지 말고 배고픔으로 먹을 것이며, 옷을 눈으로 입지 말고 몸으로 입을 것이며, 집을 눈으로 살지 말고 몸으로 살 것이며 이를 위해 경쟁하지 말라.

영신을 가진 나는 무엇을 해야 합니까?

너는 내 영신 안에서 기뻐하라. 너는 내 안(우주공간)에서 형상을 보고 기뻐하고, 듣고 기뻐하고, 맛보고 기뻐하고, 냄새 맡고 기뻐하고, 느껴 기뻐하라. 너는 네 안(두뇌의 인지공간)에서 형상을 보지 말고, 듣지 말고, 맛보지 말고, 냄새 맡지 말고, 느끼지 말고 그들에 기뻐하지 말고, 집착하지 말고 좇지 마라. 그러므로 너는 평온하라.

영혼으로서 나는 무엇을 해야 합니까?

너는 내 안에서 행복하라.

내가 너를 사랑한 것처럼 너도 나를 사랑하라.

너는 네 안에서 네 형상을 짓지 마라.

너는 내 안에서 네가 육신으로서 족히 살고, 영신으로서 평안히 사는데 필요한 형상만을 지어라.

너는 영혼으로서 네 몸에 갇힌 네 영혼을 쫓지 말지니 자폐 인재 지식을 짓지 말며, 배우지 말며, 그 지식과 명예로 또한 경쟁하지 말며, 내 안에서 경험적 몸의 지식과, 유추적 영혼의 지식만을 구하라.

네가 나를 알면 너를 알고 네가 어디서 와서 어디로 가는가를 알 수 있으며 네가 나에게 오는 길을 또한 알리라. 구하면 얻을 것이며 원하면 그리 되는 것이 너와 나의 관계라.

나는 처음부터 너를 통해 꾀해야 할 일을 남기지 않았으니 네가 너를 위해 스스로 도모해야 할 일이 없도다. 너는 내 완성된 꿈이며 의미며 형상이라. 그러므로 너는 꿈꾸지 말며 궁리하지 말고, 네 의미를 짓지마라. 너는 그저 나와 함께 기뻐하며, 오직 내 말을 보고, 그 안에서 길을 찾으라.

그러므로 너는 내 형상을 보고 내 말을 들을 것이며, 이를 통해 내가 누구인지 네가 누구인지 구하라.

너는 믿음으로 아는 것이니 정상천재가 구한 영혼의 지식을 믿으라. 그리하면 네 마음이 평안하고 네 영혼이 행복

할 것이며 네 육신이 건강할 것이다. 네 몸이 죽을지라도
네 영혼은 나와 함께 영원히 살 것이다.

　내 말을 듣지 않고 네 말을 듣고 따름은 죄*sin*라.